FACULTÉ DE DROIT DE PARIS.

THÈSE

POUR LA LICENCE.

L'acte public sur les matières ci—après sera soutenu,

le jeudi 16 août 1855, à quatre heures,

Par HENRI GENNEVOISE, né à Lille (Nord).

Président, M. COLMET-DAAGE, Professeur.

Suffragants :
MM. BUGNET,	
VUATRIN,	Professeurs.
DELZERS,	
RATAUD,	Suppléants.

Le candidat répondra en outre aux questions qui lui seront faites sur les autres matières de l'enseignement.

PARIS

VINCHON ET CHARLES DE MOURGUES,
Imprimeurs de la Faculté de Droit,
RUE J.-J. ROUSSEAU, 8.

1855.

4090

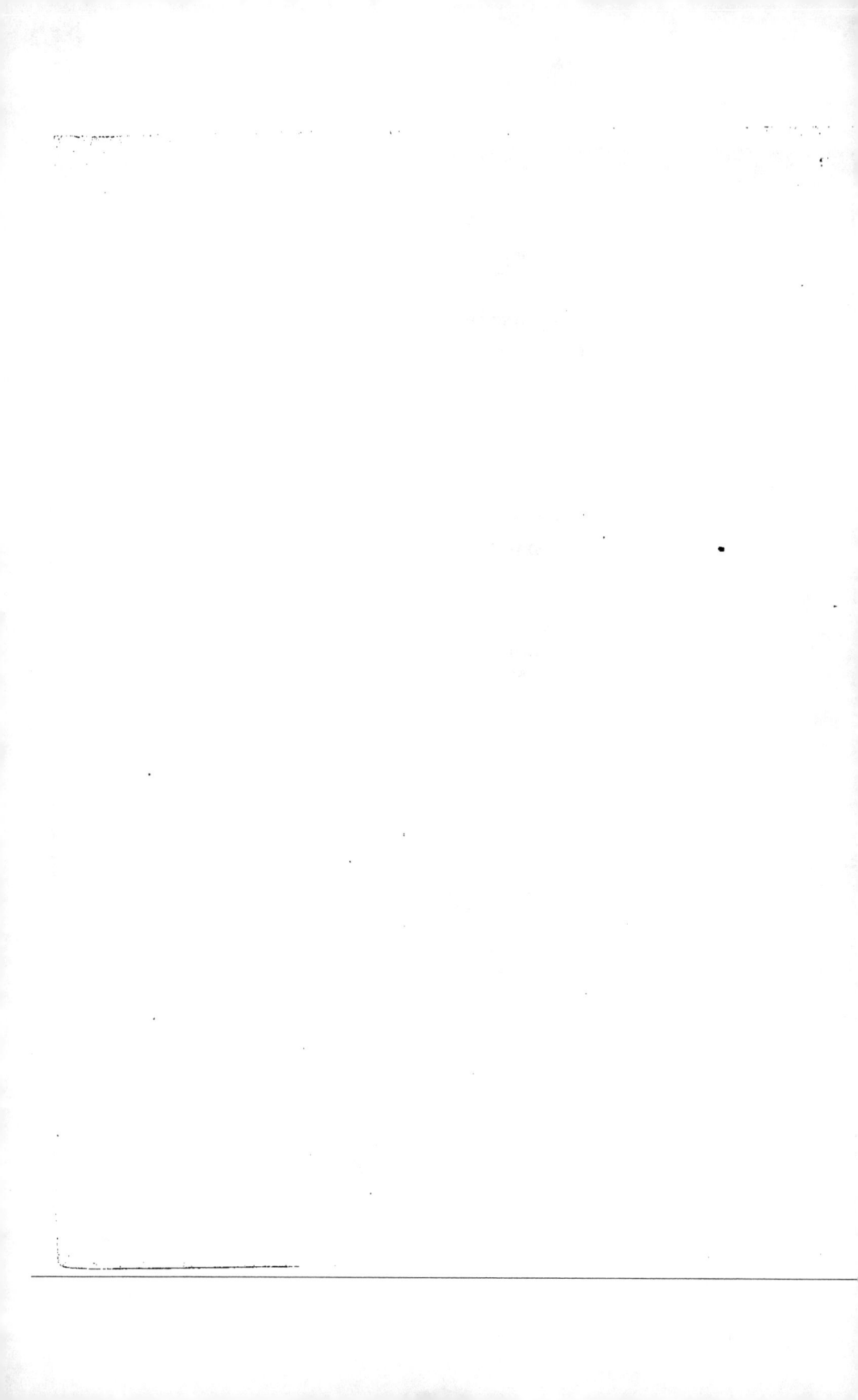

A MON PÈRE, A MA MÈRE.

JUS ROMANUM.

DE FIDE INSTRUMENTORUM.
(D., xxii, 4; C. iv, 21.)

Lato sensu, ea omnia nomine instrumenti accipiuntur, quibus causa instrui potest, etiam testimonia atque ipsi testes.

Strictiori vero sensu, instrumentum accipitur scriptura quæ ad probationem intendit. De instrumentis hac posteriore significatione acceptis, nobis agendum est.

Publica vel privata sunt instrumenta.

Publica sunt si a persona publica, ut tabellione, forma solemni scribuntur : maximam fidem præstant, si modo authentica fuerint, non item si exempla aut indices tantum. Ut fidem habeant hæc instrumenta, agnoscantur tabellione, contineant annum imperii Cæsaris quo confecta sunt, necnon consulem, indictionem, mensem et diem; ita testium et tabellionis nomina, eorumque subscriptiones, et triplici lino constringantur, atque supra linum ceræ imprimantur.

Privata sunt instrumenta quæ, auctoritate privata, a privatis componuntur. Si quinquaginta libras auri excedunt privata instrumenta, tribus testibus subscribantur; sed quinque testibus augeatur persona litterarum ignorantis. Sed solum in civitatibus hoc observatur. Testatio hominum cognitæ probitatis sola adhibeatur.

Contra scribentem omnis privata scriptura plane probat.

Obligatarium syngraphum, chirographum, cautio appellatur. Liberatorium nomen apochæ et securitatis accipit. Antapochæ sunt eæ quas debitor suo dat creditori, iisque profitetur se reditus, pensiones, usuras aliaque similia solvisse, quibusque appareat debitum a debitore fuisse agnitum, et ita præscriptio temporis rumpatur.

Ad obligationem constituendam, necessaria non sunt instrumenta, etenim sine scriptura valet id quod jure contractum est. Necessaria sunt tamen instrumenta, in litterarum obligatione et cum convenerunt partes litteris contractum redigendum.

Diversæ scripturæ sibi invicem derogantes, nullam fidem habere possunt, cum ab uno eademque parte proferuntur.

Me non usurum instrumento declaravi, quia in dubium ab adversario revocatur : nullam postea fidem scripturæ judex adhibere potest.

Statum, natalibus litteris amissis, integrum esse non dubium est.

Creditor, omni modo jus suum probans, debitum exigere potest, licet tabulæ igne consumptæ vel alio eventu ablatæ fuerint.

Si alicui opus est instrumentis a quovis alio detentis, ab isto exigere poterit ut ea proferat aut juret se non habere, aut habere quidem sed non posse sine damno exhibere.

DE LEGE CORNELIA DE FALSIS.

(D., xlviii, 10; C., ix , 22.)

Falsum , ait Cujacius, fraudulenta est veritatis mutatio, vel suppressio in præjudicium alterius facta.

Duplex fuit lex Cornelia de falsis. Una quæ testamentaria dicitur; quæ ad sola testamenta eorumque fidem pertinebat , sed ad varias postea falsi species, tum senatusconsulto Liboniano, tum aliis senatusconsultis et constitutionibus producta est. Altera, quæ ad rem nummariam pertinet, nummaria dicitur.

Qui testamentum vel codicillos amoverit, celaverit, deleverit, quidve falsum testamentum scripserit, signaverit, recitaverit, dolo malo, cujusve dolo id factum erit, quamvis eo testamento non usus sit, pœna legis Corneliæ damnatur.

Sed locus non erit senatusconsulto si hoc celatum vel amotum nullo jure testamentum valuit, puta nondum perfectum aut signatum.

Claudii edicto producta est lex Cornelia ad eum qui, cum alterius testamentum vel codicillos scriberet , legatum sibimetipsi aut iis personis quæ tempore testamenti ipsius juri subjectæ erant , scripserit. Cujus senatusconsulti verbis tenetur testamentarius qui hereditatem legatum fideicommissumve sibi adscribit, servus testatoris qui libertatem sibi donat, interpretatione quidem , qui quodvis aliud emolumentum sibi adscribit.

Qui aperuerit vivi testamentum, legis Corneliæ pœna tenetur.

Crimine falsi teneri non potest impuber, quia dolus malus hac ætate non cognitus est : itaque in pœnam senatusconsulti non incidit.

Si sua subscriptione quod sibi adscripsit testamentarius confirmat testator, cessat senatusconsultum. Sed inter filium et servum et extraneum scribentes testamentum, hoc interest ,

quod in extraneo si specialiter subscriptio facta est « quod ille
scripsit dictavi et recognovi » pœna cessat et capi potest; in
filio vel servo generalis subscriptio sufficit, et ad pœnam vitan-
dam, et ad capiendum.

Ex senatusconsulto Scriboniano legis Corneliæ pœna tenetur
qui, extra testamenta, sciens, dolo malo aliquid signavit, signa-
rive curavit; qui falsis constitutionibus utitur; qui corrumpere
judices tentat; qui ad renuntiandum testimonium dicendum vel
ad dicendum pecuniam accipit.

Item tenetur qui testimonia contraria atque repugnantia facit, et contra sua manu signatum instrumentum.

Falsi querela temporalibus præscriptionibus excluditur, nisi
viginti annorum exceptione.

Lex Cornelia nummaria ad eam pertinet falsi speciem quæ
in adulteranda moneta committitur. Hac lege, qui in aurum
aliquid vitii addiderit, vel argenteos nummos adulterinos fla-
verit, aut qui aureos argenteosve nummos raserit seu fecerit,
aut quid tale quum prohibere posset non prohibuerit; si liber
deportatione, si servus capitis pœna damnatur.

NOVELLA XLIV.

Lex de qua agitur lata est in tabelliones qui instrumenta ne-
gligenter fecerunt.

Tabelliones semper esse præsentes debent cum aliquid con-
ficitur per eorum ministerium, ut judici interroganti de par-
tium conventionibus respondere possint. Si morbo aut alia gravi
causa domi retinentur, licet eis ad se partes evocare.

Si contra legem instrumenta fecerunt, in pœnam incidunt
tabelliones; non infirmatur instrumentum.

In urbe Constantinopoli debent scribere tabularii in eadem
charta, quæ protocollum appellatur, continenti in titulo nomen

gloriosissimi nostrarum sacrarum largitionum comitis, diem
instrumenti facti, atque alias res similes ad vitandas fraudes ;
aliter instrumentum inutile erit et falsum habebitur.

NOVELLA LXXIII.

Hæc novella ad fidem solemnem instrumentis præbendam
edicta est.

Si quis secure vult deponere, non scripturæ solum credat
accipientis, sed testes non pauciores quam tres advocet, qui
ante judicem se contractui præsentes fuisse testabuntur, sub-
scriptumque instrumentum agnoscent. Si vero contrariæ sunt
depositiones ac scripturæ, depositiones fide digniores esse
existimantur et judicis prudentiæ relinquuntur.

Testium præsentia, etiam cum ante tabelliones impleta sunt
instrumenta et ab hismetipsis, necessaria est. In instrumentis
publice confectis, ex scripto præsentia adjicienda est. Si testes
tabellioque ipse mortui sunt, examinatio fit scripturæ et qui
profert instrumentum jusjurare debet se nullo modo mali
causa agere. Si non supersunt testes, testimonio et jurejurando
tabellionis firmitas instrumento datur.

Si imperitus litterarum contrahit, necessaria est quinque
testium præsentia, si modo libram auri contractus superat.

Si quis facere quemlibet contractum ex non scripto voluerit,
manifestum est quia per testes aut jusjurandum fidem percipiet
contractus.

DE LITTERARUM OBLIGATIONIBUS.
(Gaii, Inst., comm., III, § 128-134. Just., Inst., III, 21.)

Quatuor sunt obligationum species quæ ex contractu veniunt : aut enim re contrahuntur, aut verbis, aut litteris, aut
consensu. — De his quæ ex litteris veniunt dispecturus sum.

Obligatio litteris contrahitur cum non tantum ad probationem sed etiam ad constituendam obligationem intendit scriptura.

In usu erant apud veteres Romanos domesticæ tabulæ in quibus paterfamilias acceptam expensamve pecuniam referebat. Nomina solemnibus verbis relata transcriptitia vocabantur et expensilationem constituebant. Ut verbis in stipulatione, ita litteris in expensilatione formabatur obligatio. Quod fiebat si quis , consentiente Titio , expensum Titio aliquid tulisset. Et Titius ipse pecuniam acceptam referre debebat. Sed absenti expensum ferri poterat , ait Gaius, etsi verbis obligatio cum absente contrahi non posset.

Duplici modo fiebant nomina transcriptitia : a re in personam transcriptio fiebat, cum id quod emptionis causa aut conductionis mihi debebatur, id expensum huic debitori ferebam. A persona in personam, si id quod mihi debet Titius, te consentiente tibi expensum tulero , id est , si Titius te delegaverit mihi.

Romani tantum hoc modo obligabantur. Peregrini vero , ut obligationem formarent , chyrographas syngraphasque habebant. Vocabantur chyrographæ scripta ab obligata tantum parte signata : syngraphæ vero utriusque manu signatæ, utrique parti servandæ tradebantur.

Sunt quoque arcaria nomina ex quibus nulla nascitur obligatio. Ad probandam obligationem utilia sunt.

In usu non esse, tempore suo, transcriptitia nomina et syngraphas, exceptis tantum chyrographis , nos docet Justinianus.

DE NON NUMERATA PECUNIA.
(C. IV, 30.)

In contractibus qui re contrahuntur, numeratione, non instrumenti scriptura , nascitur obligatio : itaque si quis, numerationem sperans, verbis litterisve se obligavit mutui causa et tota pecunia vel pars tantummodo non numerata fuit, adversus actionem a creditore vel ex cautione, vel ex chyroprapho , vel ex stipulatione conductam, exceptione non numeratæ pecuniæ sese defendere poterit.

In fœneratorum odium, propter fraudis frequentiam receptum est ut, quoties non numeratæ pecuniæ exceptio opponeretur, tum, licet reus in excipiendo actor sit, hoc tamen in casu numeratæ pecuniæ probationis onus creditori incumberet.

Hæc autem exceptio opponi poterit quum tantum pecunia debita erit ex causa mutui, non ex emptione, aut transactione, aut alia causa.

Hæc actio debitori principali, mandatori, fidejussori, heredi competit, quia rei non personæ cohæret.

Quamvis debitor hac exceptione non utatur et nunquam usus sit, possunt et creditores ea uti, et si victi fuerint , nullum est debitori vel fidejussori præjudicium, et postea eamdem exceptionem opponere ipsi poterunt.

Tempus intra quod exceptio pecuniæ non numeratæ opponenda est, antea quinquennium fuit : pro quo Justinianus substituit biennium. Eam tamen exceptionem perpetuam efficere facile est denuntiationibus scripto missis intra taxatum tempus.

Duplicatam pecuniam de qua agitur, reus qui hanc exceptionem opposuit, si adversarius solutionem probat. Sed si numeratam pecuniam agnovit, delato ei jurejurando, tantummodo litis impendia solvit.

DE DOTE CAUTA NON NUMERATA.
(C. V, 15.)

Eadem si de dote cauta sed non numerata agitur, sunt dicenda.

Dotem numeratio, non scriptura dotalis instrumenti facit : ideo non sufficit , ut dos repeti possit, hanc cautam fuisse, sed

etiam numeratam esse oportet; itaque vir qui scripsisset se dotem accepisse exceptionem dotis cautæ non numeratæ merito
opponere posset.

Hæc exceptio non tantum marito contra uxorem ejusque he-
redes competit, sed mariti heredibus, et patri, et cuilibet cum
viro a se dotem acceptam scripsit.

Intra annum tantum unum, continuum a morte mariti vel
mulieris, vel missione repudii exceptio opponi potest, si matri-
monium solvitur intra biennium; si vero ultra fuit biennium et
ad decimum annum, tribus mensibus elapsis exceptio cadit; si
tandem ultra decimum, omnis querela denegatur.

POSITIONES.

I. Si pater adscripserit legatum suo filio qui apud hostes est,
an, reverso eo, potest incidere in pœnam senatusconsulti? —
Incidit.

II. Quid, si apud hostes decesserit? — Non incidit.

III. Si quis legatum adscripserit extraneo qui postea sub po-
testate sua factus fuerit vivo testatore, senatusconsulti locum
non esse constat.

IV. In litterarum obligationibus, non est necessaria utriusque scriptura ut formetur obligatio.

V. An liceat non numeratæ pecuniæ exceptioni renuntiare?
Competit etiam si debitor ei renuntiaverit.

VI. Qui se pecuniam accepisse confessus est, post biennium
ita scriptura obligatur ut etiamsi probare postea velit pecuniam
sibi numeratam non esse, non audiatur.

VII. Nullo modo publicam meretur fidem vel auctoritatem
instrumentum quod extra provinciam suam conscripsit tabellio.

DROIT FRANÇAIS.

DES PREUVES EN GÉNÉRAL.

Code Nap., 1315-1337. — Code comm. 8-17, 109. — Code pr. c., 193-251. — Code d'instr., crim., 448-464.)

CODE NAPOLÉON.

Le mot *preuve*, pris dans son sens le plus large, désigne tout moyen direct ou indirect d'arriver à la connaissance des faits.

Dans la pratique, ce mot est souvent appliqué au fait connu lui-même.

La loi reconnaît cinq moyens de preuve : preuve littérale, preuve testimoniale, présomptions, aveu de la partie, serment.

En graduant les preuves selon leur force, on peut les classer dans l'ordre suivant : 1° celle qui se rapproche le plus souvent de l'évidence, c'est-à-dire, l'aveu de la partie dans les matières dont les personnes peuvent disposer, bien entendu : dans cette classe on peut ranger l'acte sous seing privé, car c'est une espèce d'aveu fait au créancier par le débiteur, si cet écrit n'est pas dénié : 2° le témoignage se rapportant directement au fait.

Les actes authentiques contiennent un véritable témoignage public donné par le notaire, qui n'a fait que constater les conventions des parties, lesquels actes font foi, envers et contre tous, jusqu'à inscription de faux ; 3° les présomptions de l'homme ou indices qui ne se rattachent pas directement au fait et ne le prouvent pas directement, mais font croire à son existence probable ; ainsi : l'empreinte des pas de l'accusé, un vêtement qu'il a laissé, etc. ; 4° les présomptions légales ou de droit, conséquences que la loi, elle même, tire d'un fait connu à un fait inconnu. Le juge doit admettre cette conséquence légale, quand même telle ne serait pas son opinion sur le fait.

On peut réduire à trois tous les genres de preuves admis par la loi : 1° la preuve orale, qui comprend la preuve testimoniale, l'aveu et le serment ; 2° la preuve littérale, qui va seule nous occuper, se compose du titre authentique, de l'acte sous seing privé, des registres des commerçants, des tailles, enfin des copies et des actes récognitifs ; 3° les présomptions.

En principe, celui-là doit faire la preuve qui veut opérer un changement dans l'état de choses existant. Ainsi, j'attaque un individu comme mon débiteur : *actori incumbit probatio*, à moi de prouver l'obligation. Je prouve l'obligation, mais mon débiteur invoque comme exception, l'extinction de son obligation : *reus excipiendo fit actor ;* à lui de prouver le fait ou le payement qui a produit cette extinction.

En un mot, tout le système de la loi se résume dans cette formule : Quiconque allègue un fait nouveau, contraire à la position acquise de son adversaire, doit établir la vérité de ce fait.

DE LA PREUVE LITTÉRALE.

L'ordonnance de Moulins de 1566, reproduite sur ce point par l'art. 1341 du Code Nap., a renversé la maxime de l'ancien droit « *témoins passent lettres* » pour lui substituer celle de « *lettres passent témoins* » qui, depuis lors, a toujours été admise dans notre droit. L'art. 1341 exige qu'il soit passé acte devant notaires ou sous seing privé de toutes choses excédant la somme ou valeur de 150 fr., même pour dépôts volontaires ; et il n'est reçu aucune preuve par témoins contre et outre le contenu aux actes, ni sur ce qui serait allégué avoir été dit, avant, lors ou depuis les actes, encore qu'il s'agisse d'une somme ou valeur moindre de 150 fr. Cette prohibition de la preuve testimoniale a pour motif la crainte de la subornation des témoins et le désir d'empêcher la multiplicité des procès. La preuve littérale, qui est une preuve préconstituée, c'est-à-dire, préparée à l'avance pour la sécurité des parties, a de plus cet avantage sur la preuve orale, que les actes écrits font, du moins en général, disparaître tout arbitraire et donnent à la pensée des parties une forme précise et arrêtée.

Le Code appelle actes, titres, obligations, contrats, les écrits revêtus de certaines formes qui servent à constater telle ou telle convention, tel ou tel fait. C'est ce que l'on désignait à Rome par un seul mot : *instrumentum*. Le mot *titre*, dans la langue du droit, s'applique à l'écrit destiné à prouver un événement engendrant ou éteignant un droit ; ainsi, on dit : un titre authentique. — A l'évènement même qui fait naître ou éteint ce droit, par exemple : être propriétaire par titre de vente. — Le mot titre s'emploie aussi comme synonyme de qualité : prendre le titre d'héritier. Le mot *acte* désigne à la fois ce qui s'est passé, *quod actum est*, et l'écrit rédigé pour constater ce qui s'est passé.

I. DE L'ACTE AUTHENTIQUE.

L'article 1317 définit l'acte authentique : « Celui qui a été

« reçu par officiers publics ayant le droit d'instrumenter dans
« le lieu où l'acte a été rédigé, et avec les solennités re-
« quises. »

L'acte authentique diffère de l'acte sous seing privé en ce
qu'il a une autorité propre : il agit par lui-même, car il n'y a
pas à faire de vérification d'écriture ; enfin, le caractère le
plus saillant qui le distingue de l'acte sous seing privé, c'est la
foi qui s'attache non-seulement à l'acte authentique, mais même
à l'apparence de cet acte, foi que l'inscription de faux peut
seule détruire.

L'authenticité se retrouve dans tous les actes qui émanent
de l'autorité publique; législatifs, judiciaires, administratifs,
notariés.— Ce sont ces derniers seuls qui doivent nous occuper.

Quatre conditions sont nécessaires pour que l'acte notarié ait
le caractère d'authenticité :

1° *Que celui qui reçoit l'acte soit réellement notaire.* — L'autorité trompée accorde à une personne incapable, privée, par
exemple, de la qualité de Français, une nomination de notaire
en bonne forme. Les actes que recevra ce notaire seront vérita-
blement authentiques, car les parties ne doivent pas souffrir
de l'erreur dans laquelle est tombée l'autorité elle-même.

2° *Qu'il soit capable d'instrumenter.* — C'est-à-dire qu'il ne
soit pas suspendu, destitué ou remplacé ; mais son incapacité
pour instrumenter ne date que du jour de la notification de la
suspension, de la destitution ou du remplacement. — Dès que
cette notification a été faite, le notaire perd tout caractère ; il
ne peut plus instrumenter valablement.

3° *Qu'il soit compétent : Quant à la matière.* — Il constate, en
général, les conventions des parties. Dans certains cas, le notaire sera compétent concurremment avec un autre officier
public : ainsi, la reconnaissance d'un enfant naturel peut être
constatée par un notaire ou l'officier d'état civil ; la nomination

d'un conseil spécial à la mère survivante et tutrice (392) sera constatée par un notaire ou le juge de paix ; un notaire et un huissier sont également compétents pour faire le protêt, faute d'acceptation ou de payement de la lettre de change, pour faire des offres réelles.

Quant au lieu. — Un notaire de canton ne peut instrumenter que dans son canton, celui du chef-lieu d'arrondissement peut instrumenter dans tout l'arrondissement ; celui qui exerce dans la ville où siège la Cour d'appel, instrumente valablement dans tout le ressort de cette Cour. L'art. 68 de la loi de ventôse an XI déclare nul tout acte fait par un notaire hors de son ressort.

Quant aux personnes. — Un notaire ne peut recevoir un acte dans lequel ses parents ou alliés, en ligne directe à tous les degrés, et en collatérale, jusqu'au degré d'oncle ou de neveu inclusivement, sont parties ou témoins ; il ne peut non plus recevoir des actes où il serait lui-même intéressé.

4° *Qu'il ait observé les formalités prescrites par la loi.* — Ce sont : la présence réelle et effective de deux notaires dans certains actes, de deux notaires ou d'un notaire et de deux témoins dans les autres ; mention de la signature des parties ou de la cause qui les empêche de signer, mention du lieu où l'acte est passé, et toutes les autres règles mentionnées dans les art. 9 à 30 de la loi du 25 ventôse.

L'acte authentique nul pour défaut de forme, pour incompétence ou incapacité de celui qui l'a reçu, vaudra comme acte sous seing privé, s'il a été signé des parties. Il faut pour cela, que la nullité de l'acte comme authentique n'entraîne pas la nullité de la convention : ainsi, d'un acte de vente, d'un contrat de louage qui peuvent être rédigés sous seing privé. Lorsqu'il s'agit d'un contrat unilatéral, rédigé en forme authentique

et non valable comme tel, cet acte produit néanmoins son effet comme écriture privée, s'il est signé du débiteur.

L'apparence de l'acte authentique suffit pour faire présumer l'authenticité ; aussi, est-ce à celui qui conteste l'authenticité à prouver ce qu'il avance. Il est très-difficile, en effet, d'imiter des actes authentiques entourés de nombreuses formalités. La gravité de la peine, travaux forcés à temps, portée contre les faussaires en écriture publique, doit en arrêter un grand nombre. La présomption de vérité attachée par la loi aux assertions de l'officier public dans l'acte authentique repose sur deux motifs : la considération dont jouit l'officier public, la pénalité rigoureuse, travaux forcés à perpétuité, qui frappe l'officier public coupable de faux.

Dans les actes authentiques, c'est la grosse de l'acte qui est exécutoire. L'acte authentique perd son caractère d'authenticité, lorsqu'il est reconnu faux ; si on l'attaque en faux principal, il y a lieu d'appliquer la règle : le criminel tient le civil en état. L'exécution de l'acte argué de faux, sera suspendue par l'acte de mise en accusation, et, en cas d'inscription de faux faite incidemment, les tribunaux pourront, suivant les circonstances, suspendre provisoirement l'exécution de l'acte.

L'acte authentique, revêtu de toutes les formalités nécessaires à sa validité, fait pleine foi de son contenu *erga omnes*, c'est-à-dire à l'égard des parties et des tiers. Il faut cependant distinguer dans les actes authentiques et sous seing privé, les clauses dispositives des clauses énonciatives. Les clauses dispositives indiquent l'opération qui s'est faite entre les parties. Est-ce une vente, un échange? Le prix de la vente, la soulte de l'échange sont du dispositif. Dans les clauses énonciatives, il faut distinguer celles qui ont trait directement à la disposition de l'acte, et celles qui lui sont complétement étrangères. Les premières font foi entre les parties, parce que celle qui avait intérêt à ne pas les laisser insérer dans l'acte, a reconnu tacitement l'exactitude des faits soutenus par l'adversaire. Les clauses, au contraire, qui n'ont pas trait directement au contenu des actes, ne servent que de commencement de preuve par écrit que pourra combattre celui qui, n'ayant pas été présent, n'a pas pu à ce moment, s'opposer à l'insertion de ces clauses; peut-être aussi, bien qu'il fût présent, parce qu'il n'avait aucun intérêt à empêcher leur insertion.

La *contre-lettre* est un écrit modifiant les clauses d'un contrat précédent : c'est bien dans ce sens que ce mot est employé dans les art. 1396 et 1397, acte modifiant, avant la célébration du mariage, les clauses du contrat de mariage; cette espèce de contre-lettre n'est valable entre les parties qu'autant qu'elle est rédigée en la forme authentique, en la présence et avec le consentement simultané de toutes les personnes qui ont été parties dans le contrat de mariage.

Dans un sens restrictif, on entend par contre-lettre, un écrit dérogeant à un autre écrit, mais destiné à rester secret entre les parties; c'est dans ce sens que l'emploie l'art. 1321.

La loi du 22 frimaire an VII, art. 40, faite dans l'intérêt du fisc, punit d'une amende triple de la somme due pour droit d'enregistrement, ceux qui ont recours à cette fraude, et dit que la contre-lettre sera nulle entre les parties; qu'ainsi le vendeur ne pourra réclamer que le prix porté dans l'acte ostensible de vente.

La première pénalité existe toujours. Quant à la seconde, un arrêt de la Cour de cassation du 10 janvier 1819 a dit qu'elle existait encore; mais on a abandonné cette décision comme étant trop rigoureuse; d'ailleurs, la discussion au conseil d'État prouve clairement que le législateur a voulu abroger cette disposition de la loi de frimaire par l'art. 1321. Aujourd'hui, la jurisprudence est constante pour décider que la seconde pénalité de la loi de l'an VII n'est plus applicable. Cependant la contre-lettre n'est pas valable, même entre les parties, lorsqu'il s'agit de la vente d'une charge d'officier ministériel : c'est ce que décide la jurisprudence. Des auteurs vont même jusqu'à décider que si le vendeur a reçu la somme supérieure consignée dans la contre-lettre, cette somme pourra être répétée.

Dans aucun cas, la contre-lettre ne peut produire d'effet contre les tiers. Qu'entendre ici par tiers? Ce ne sont évidemment pas les héritiers ou successeurs universels. Les tiers auxquels on ne peut opposer la contre-lettre, sont les ayants cause particuliers, ceux qui, postérieurement, ont acquis des droits sur la chose faisant l'objet de la convention relatée dans l'acte. Quoique la contre-lettre n'ait pas d'effet contre les tiers, ceux-ci peuvent néanmoins l'invoquer quand elle leur est favorable.

II. DE L'ACTE SOUS SEING PRIVÉ.

L'acte sous seing privé est un acte fait sans l'intervention d'officiers publics et sous la seule signature des parties. Il fait la même foi que l'acte authentique entre ceux qui l'ont souscrit et entre leurs héritiers et ayants cause lorsqu'il est reconnu par celui auquel on l'oppose, ou légalement tenu pour reconnu ; mais il y a cette différence entre cet acte et l'acte authentique, que celui-ci n'est sujet à aucune reconnaissance. Dans l'ancienne procédure, lorsqu'on poursuivait quelqu'un en vertu d'un acte sous seing privé, au lieu de conclure directement à la condamnation, comme cela se pratique actuellement, sauf au défendeur à demander la vérification, il fallait auparavant conclure à la reconnaissance de l'acte.

La différence entre celui qui a souscrit l'acte et ses héritiers ou ayants cause, est celle-ci : Le souscripteur doit avouer ou désavouer formellement son écriture ou sa signature : faute par lui de la dénier, le juge prononce la reconnaissance de l'acte. Les héritiers ou ayants cause, au contraire, peuvent se contenter de déclarer qu'ils ne connaissent pas l'écriture ou la signature de leur auteur : sur cette simple déclaration, le juge ordonne la vérification, qui a lieu selon les règles que nous étudierons plus loin.

Les actes sous seing privé, de même que les actes authentiques, font foi contre les tiers , c'est-à-dire les ayants cause à titre particulier, que ce qui est contenu dans l'acte s'est effectivement passé, *probant rem ipsam;* mais ils ont cela de moins que les actes authentiques, que ceux-ci ayant une date constante par le témoignage de l'officier public qui a reçu l'acte, font foi contre les tiers que la chose contenue dans l'acte s'est passée dans le temps porté par l'acte ; tandis que les actes sous seing privé étant sujets à être antidatés, et, par là même, à nuire à des droits acquis à des tiers, ne font foi contre ceux-ci, que du jour où ils acquièrent date certaine par l'un des trois événements énoncés limitativement dans l'art. 1328 : 1° enregistrement; 2° mort de l'un des signataires; 3° constatation de sa substance dans un acte dressé par des officiers publics, tels que procès-verbaux de scellé et d'inventaire.

On décide généralement que l'art. 1328 n'est pas applicable aux quittances dont la date peut être opposée aux tiers, quoiqu'elles n'aient pas été enregistrées ; mais il faut pour cela que le débiteur oppose immédiatement les quittances sur les premières poursuites qui sont dirigées contre lui.

L'acte sous seing privé est fréquemment employé pour constater les conventions des parties : il ne peut être employé pour constater les contrats solennels. Le législateur n'a astreint ce genre d'actes qu'aux formalités nécessaires dans l'intérêt des parties elles-mêmes.

Dans un contrat synallagmatique, les deux contractants sont

à la fois créancier et débiteur : pour donner à chacun le moyen
de prouver la convention, la loi a voulu que l'acte qui le constate fût, pour être valable, fait en autant d'originaux qu'il y a
de parties ayant un intérêt distinct. Chaque original doit con-
tenir la mention du nombre des originaux qui en ont été faits. Il
suffit d'un seul original pour toutes les personnes ayant le même
intérêt, c'est-à-dire, pour toutes les personnes qui jouent en-
semble, par rapport à l'autre partie, le rôle que jouerait une
seule partie : si trois copropriétaires louent une maison, il suf-
fira de deux originaux, un pour le locataire et un autre pour
les trois copropriétaires. L'acte est nul si l'on omet de faire
mention du nombre des originaux comme dans le cas de défaut
même de doubles originaux ; mais cette nullité ne peut être opposée par ceux qui ont exécuté la convention. Si les deux parties ont exécuté, aucune d'elles ne pourra se prévaloir du défaut
de mention ; si une seule a exécuté, elle seule ne pourra pas
s'en prévaloir. Il peut arriver, en effet, qu'une convention soit
exécutée par l'une des parties sans que l'autre concourre en
rien à l'exécution. Tel serait le cas d'une vente faite à la charge,
par l'acheteur, de payer une somme à une tierce personne ; le
payement de cette somme emporterait exécution de la part seu-
lement de l'acheteur, le vendeur pourrait encore opposer le défaut de mention, tandis que l'acheteur ne le pourrait plus. Le
défaut des doubles ne peut plus être opposé quand le contrat a
été exécuté, car la convention est prouvée par l'exécution.

La nécessité des doubles s'applique aux contrats synallagmatiques, aux conventions par lesquelles les contractants s'obli-
gent réciproquement les uns envers les autres. Elle ne s'applique
pas aux contrats que la doctrine appelle synallagmatiques im-
parfaits, contrats qui ne créent pas immédiatement des obligations réciproques, mais qui y donnent lieu *ex post facto*. Cette
règle ne s'applique pas non plus à la promesse unilatérale de

conclure ultérieurement un contrat synallagmatique. **Lorsque,** dans un contrat synallagmatique, l'une des obligations est exécutée immédiatement, il n'est pas nécessaire de faire un double de l'acte destiné à constater l'obligation qui reste seule à exécuter.

L'acte est nul, mais le contrat est valable quand on n'a pas observé la formalité des doubles : il ne manque que le moyen de preuve tiré de l'acte ; la convention subsiste et peut être prouvée par l'aveu de la partie, par la délation du serment, ou de toute autre manière.

Le billet ou la promesse sous seing privé par laquelle une seule partie s'engage envers l'autre à lui payer une somme d'argent ou à lui donner une chose appréciable, doit être écrit en entier de la main de celui qui le souscrit ; ou du moins il faut qu'il ait écrit de sa main un *bon* ou *approuvé* portant en toutes lettres la somme ou la quantité de la chose, avant sa signature. Cette règle s'applique à toute promesse unilatérale. Un contrat peut être unilatéral, bien que souscrit par plusieurs personnes : le *bon* ou *approuvé* de chaque souscripteur sera nécessaire pour que l'acte soit valable à son égard. L'acte sera nul si l'on n'observe pas cette formalité ; mais la convention sera valable et pourra être prouvée par d'autres moyens.

Cette obligation du *bon* ou *approuvé* ne s'applique pas aux artisans, laboureurs, vignerons, gens de journée et de travail, qui souvent savent signer leur nom sans savoir en écrire davantage, car c'eût été les forcer à avoir recours aux actes notariés. Sont compris dans la même exception les billets souscrits par les commerçants.

Lorsque la somme indiquée au *bon* ou *approuvé* diffère de celle exprimée dans l'acte, l'obligation n'est que de la moindre des deux sommes : on interprète en faveur du débiteur, lors même que tout l'acte serait écrit par lui, à moins que l'on ne prouve de quel côté est l'erreur.

Certains écrits, bien que non signés, sont admis comme preuves; tels sont les livres des marchands, qui font foi pour faits de commerce pour et contre ceux qui les ont rédigés. Les livres des marchands ne font pas preuve contre les personnes non marchandes; mais le juge peut, en déférant d'office le serment supplétoire, compléter la preuve du fait énoncé sur le titre.

On ne peut se faire un titre à soi-même; aussi, les registres et papiers domestiques ne peuvent-ils jamais servir de titre à leur auteur. Dans deux cas, ils font foi contre lui : 1° lorsqu'ils énoncent formellement un payement reçu; 2° lorsqu'ils contiennent la mention expresse que la note a été faite pour suppléer le défaut de titre en faveur de celui au profit duquel ils énoncent une obligation.

L'art. 1332 suppose que le créancier a inscrit en marge ou au dos de son titre un à-compte payé par son débiteur. Cette mention, quoique ni signée ni datée par lui, est une preuve de libération; mais à la double condition : 1° qu'elle soit écrite par le créancier lui-même; 2° que le titre soit toujours resté en sa possession. Le même article suppose encore que l'à-compte est mentionné sur une quittance ou sur un double du titre; la loi exige que cette mention soit de l'écriture du créancier, et que le papier reste chez le débiteur. En effet, si le créancier en est encore détenteur, c'est que le débiteur n'a pas versé l'à-compte énoncé, et que le créancier a refusé de lui rendre le titre.

III. DES TAILLES.

On appelle tailles les deux parties d'un morceau de bois fendu en deux, dont l'une reste entre les mains du fournisseur; c'est la *taille* proprement dite; et l'autre, appelée *échantillon*, est conservée par le consommateur. Au moment de chaque fourniture, on réunit les deux parties, sur chacune desquelles on fait une *coche* ou entaille; le nombre de ces coches indique le nombre des fournitures en pain, viande, etc.

Véritable preuve littérale, les tailles corrélatives, à leurs échantillons, font foi même au‑dessus de 150 fr., entre les personnes qui sont dans l'usage de constater ainsi les fournitures qu'elles font ou reçoivent en détail. Si l'échantillon présente moins de coches que la taille, la fourniture n'est prouvée que jusqu'à concurrence du nombre de coches commun aux deux tailles.

Si le consommateur ne représente pas l'échantillon, il faut distinguer : s'il allègue l'avoir perdu, le fournisseur ne peut souffrir de la faute de l'acheteur ; sa taille fait pleine foi. — S'il prétend qu'il n'a jamais existé d'échantillon, le fournisseur peut établir, au moyen de la preuve testimoniale, le fait que l'échantillon a existé : s'il le prouve, la taille reprend toute sa force probante.

IV. DES COPIES DES TITRES.

Le législateur n'a voulu parler ici que des copies d'actes authentiques, car 'les originaux des actes sous seing privé peuvent seuls faire foi. — Les copies des actes authentiques délivrées par un officier public ont une certaine force probante ; mais ces copies ne peuvent faire foi que de ce qui est contenu au titre dont la représentation peut toujours être exigée ; car, dès que la partie à laquelle on oppose une expédition demande l'apport de l'original pour en vérifier la conformité, les juges doivent l'ordonner.

Lorsque le titre original n'existe plus, la copie fait foi d'après les distinctions suivantes :

1° *Les copies faisant foi comme l'original.* —Ce sont : 1° les grosses ou premières expéditions : on considère ces copies comme délivrées par l'officier public en continuation du mandat qu'il a reçu des parties. La grosse est la première expédition délivrée en forme exécutoire ; mais le Code met au même rang que la grosse les premières expéditions délivrées sans formule exécutoire, quand il s'agit d'un acte ne donnant pas lieu à des poursuites ; 2° les copies tirées par l'autorité du magistrat, parties présentes ou dûment appelées, ou tirées en présence des parties et de leur consentement réciproque ; 3° les copies tirées sans l'autorité du magistrat et sans le consentement des parties, et depuis la délivrance des grosses ou premières expéditions, sur la minute de l'acte, par le notaire qui l'a reçu ou par l'un de ses successeurs, ou par officiers publics, qui, en cette qualité, sont dépositaires des minutes, si ces copies ont plus de trente ans de date.

2° *Les copies qui, ne faisant pas pleine foi, ne serventque de commencement de preuve par écrit.* — Ce sont : 1° celles faites, ainsi que nous l'avons vu dans le 3° de la première catégorie, mais ayant moins de trente ans de date ; 2° celles tirées par un officier public autre que le dépositaire légal de la minute, eussent-elles même plus de trente ans ; 3° par exception, la transcription d'un acte sur les registres du conservateur des hypothèques, bien qu'elle ne soit qu'une copie de copie, puisque la transcription ne s'opère que sur une expédition, sert aussi de commencement de preuve par écrit ; mais il faut pour cela qu'il soit constant que toutes les minutes du notaire de l'année dans laquelle l'acte paraît avoir été fait soient perdues, ou que l'on prouve que la perte de la minute de cet acte a été faite par un accident particulier ; qu'il existe un répertoire en règle du notaire, qui constate que l'acte a été fait à la même date.

3° *Les copies qui ne servent que de simple renseignement, sans pouvoir servir de commencement de preuve par écrit.* — Ce sont les copies de copies.

V. DES ACTES RÉCOGNITIFS.

L'acte *primordial* est celui que l'on rédige pour constater une convention, un fait qui a donné naissance à une obligation.

L'acte *récognitif* est celui qui se réfère à un écrit plus ancien, en en reproduisant la substance et en manifestant l'intention des parties de maintenir les engagements constatés par le premier acte.

Le titre primordial ne peut être remplacé par l'acte récognitif; aussi sera-t-on toujours tenu de le représenter, à moins que sa teneur ne soit entièrement relatée dans l'acte récognitif; de sorte que cet acte n'a plus d'autre utilité que d'interrompre la prescription. L'art. 2263 nous en donne un exemple en permettant au créancier ou à ses ayants cause d'exiger du débiteur de la rente un titre nouvel, après vingt-huit ans de la date du premier titre. En posant cette règle, le législateur est parti de cette idée, que, lorsque les parties font l'acte récognitif, elles peuvent ne pas avoir bien considéré l'acte primordial ; il est pourtant vrai, en principe, que l'aveu fait preuve contre la partie; mais l'acte récognitif n'est considéré que comme l'aveu du titre et non pas du droit du titre primordial. Cependant la jurisprudence actuelle tend à considérer le titre récognitif comme reconnaissant le droit aussi bien que le titre primordial.

L'art. 1337 *in fine*, reproduisant en cela la doctrine de Pothier, dispense de la représentation du titre primordial celui qui a plusieurs reconnaissances conformes, soutenues de la possession et dont l'une d'elles a trente ans de date.

CODE DE COMMERCE.

DE LA PREUVE EN MATIÈRE COMMERCIALE.
(Art. 109.)

L'art. 109, bien que placé sous la rubrique des achats et ventes, indique les différents moyens de preuve admis en matière commerciale : les dispositions de cet article embrassent en général tous les contrats, tous les engagements commerciaux.

Outre les moyens de preuve consacrés par le droit civil, il en fallait d'autres plus simples ou plus appropriés aux matières commerciales. La rapidité des transactions, le préjudice causé par le retard de l'accomplissement des formalités, nécessitaient des modifications aux dispositions du Code Napoléon, en matière de preuve. Aussi admet-on comme moyen de preuve : le bordereau ou arrêté d'un agent de change ou courtier dûment signé par les parties, une facture acceptée, la correspondance, les livres des parties. — On pourra se dispenser des doubles pour les actes sous seing privé constatant des engagements synallagmatiques, du bon ou approuvé pour ceux qui constatent des engagements unilatéraux. Enfin, en matière commerciale, la preuve testimoniale est toujours admise ; mais si, au-dessous de 150 f., le juge, comme en matière civile, n'est pas libre de la refuser, au-dessus de 150 fr. elle n'est plus que facultative.

DES LIVRES DE COMMERCE.
(Art. 8 à 17.)

La tenue des livres de commerce est imposée aux commerçants comme garantie pour eux-mêmes et pour la société.

L'utilité de ces livres avait été reconnue par l'ordonnance de 1673, qui les rendit obligatoires pour tout commerçant :

mais elle omit de donner une sanction à cette prescription, ce qui la fit presque tomber en désuétude. Le Code de 1808 consacra cette ordonnance en mettant pour sanction : que tout commerçant, demandeur ou défendeur, qui ne produit pas de livres ou n'en produit que d'irréguliers, ne pourra obtenir gain de cause; qu'un commerçant suspendant ses payements, pourra être condamné comme banqueroutier simple s'il n'a pas de livres ou n'en a que d'irréguliers.

Tout commerçant français ou étranger, majeur ou mineur, doit avoir :

1° *Un livre-journal* sur lequel il inscrit jour par jour, article par article, toutes les opérations de son commerce, ses négociations, même les engagements étrangers à son commerce; en un mot, tout ce qui, quel qu'en soit le caractère, peut modifier sa position pécuniaire. Les dépenses de son ménage ne doivent être insérées qu'en bloc tous les mois.

2° *Un livre des copies de lettres* sur lequel il doit transcrire toutes les lettres qu'il écrit pour son commerce. Il doit conserver en liasse toutes celles qu'il reçoit.

3° *Un livre des inventaires.* Chaque année, le commerçant doit faire un inventaire, c'est-à-dire un état descriptif et estimatif des objets dont se compose son commerce, la balance de son actif et de son passif. Cet inventaire peut se faire sous seing privé, mais il doit toujours être transcrit sur le registre ad hoc.

Ces trois espèces de livres doivent être tenus à la date de l'an, mois et jour, sans blancs ni ratures, ni interlignes, sans écritures en marge. Pour éviter les substitutions de feuillets, ils devront être cotés, paraphés et visés sans frais, avant que l'on en ait fait usage, par un juge du tribunal de commerce ou le maire ou adjoint; un procès-verbal constatant le nombre des feuillets et le nom du signataire, sera écrit et signé à la fin des registres par celui qui a paraphé. Ils doivent, en outre, être arrêtés et visés chaque année par le juge. Le livre des copies de lettres est dispensé de cette formalité.

Le Code de commerce déroge à ce principe, que nul ne peut se faire un titre à soi-même, en disant que les livres de commerce régulièrement tenus font foi dans les contestations entre commerçants et pour faits de commerce. Les livres de l'une des parties servent alors de contrôle à ceux de l'autre.

On peut toujours invoquer contre un commerçant le témoignage de ses registres, de quelque espèce qu'ils soient et de quelque manière qu'ils soient tenus. Si la partie aux livres de laquelle on offre d'ajouter foi, refuse de les réprésenter, le juge peut déférer le serment à l'autre partie.

C'est par la communication ou la représentation des livres que l'on peut en tirer les moyens de preuve. La communication emportant examen du registre dans toutes ses parties, la loi n'autorise à y recourir que dans les cas de succession, communauté, société, faillite. La représentation, au contraire, n'ayant qu'un seul but, extraire ce qui est relatif à la contestation, n'a pas, comme la communication, l'inconvénient d'initier des tiers à la position du commerçant; aussi peut-elle être offerte, requise et même ordonnée d'office par le juge.

CODE DE PROCÉDURE CIVILE.
(Art. 193-251.)

Vérification des écritures.

Nous avons vu précédemment que si un acte sous seing privé est méconnu par celui auquel on l'oppose, c'est au porteur qu'incombe le fardeau de la preuve; il y a lieu alors à vérification des écritures : dans ce cas, la demande en vérification sera incidente et demandée par acte d'avoué à avoué. Mais elle peut être intentée principalement et directement par le porteur de l'acte privé.

La procédure en vérification comprend trois périodes ;

I. *Procédure préalable tendant à la reconnaissance d'un écrit privé.* — Sur l'assignation à trois jours que le demandeur peut donner sans la permission du juge :

1° *Le défendeur reconnaît l'écrit.* — Le tribunal donne acte de la reconnaissance ; les frais de l'instance ainsi que ceux de l'enregistrement, si le défendeur paye au jour de l'échéance, sont à la charge du demandeur. Il semble que, dans ce cas, cette procédure n'ait aucune utilité ; elle en a pourtant une incontestable. Si la créance n'est pas encore exigible, le débiteur peut mourir, ses héritiers déclarer qu'ils ne reconnaissent pas sa signature : alors, toute une procédure, des délais ; tandis qu'avec la reconnaissance obtenue avant l'exigibilité, le créancier n'a plus à craindre de contestation à l'avenir. Il peut encore y avoir grand intérêt pour le créancier, à intenter la demande en vérification principale, si sa créance n'est garantie par aucune hypothèque ; car, aux termes de l'art. 2123 du Code Napoléon, tout jugement contradictoire ou par défaut emporte hypothèque judiciaire : mais la loi de 1807 ne permet de prendre l'inscription destinée à vivifier l'hypothèque judiciaire résultant de cette demande en vérification, qu'à l'époque de l'exigibilité de la créance, et sur le refus de payement par le débiteur.

2° *Le défendeur fait défaut.* — L'écrit est tenu pour reconnu ; mais le défendeur a encore une ressource en formant opposition.

3° *Le défendeur nie la signature ou déclare ne pas la connaître.* — Le juge peut rejeter l'écriture si elle lui paraît fausse ; dans le cas contraire, il en ordonne la vérification.

II. *Vérification de l'écrit.* — Elle a lieu tant par titres que par experts et par témoins, mais le concours de ces trois preuves n'est pas exigé, parce qu'il n'est pas toujours possible.

Par titres. — On représente un titre soit authentique, soit sous seing privé reconnu, dans lequel le défendeur a déjà reconnu que l'écrit dénié aujourd'hui était son œuvre.

Par témoins. — Il faut qu'ils aient été présents à l'acte ou aient connaissance des faits que l'acte mentionne.

Par experts. — Ils sont trois, nommés par le tribunal ou par les parties. La vérification par experts se fait sur des pièces de comparaison présentées par les parties; et, si celles-ci ne sont pas d'accord, sur celles énumérées dans l'art. 200.

III. *Jugement définitif.* — Le tribunal n'est pas tenu de suivre l'avis des experts : il peut, s'il n'est pas suffisamment éclairé, ordonner une enquête.

Le défendeur qui a dénié à tort sa signature peut être condamné à 150 fr. d'amende, plus aux dépens et dommages-intérêts.

Du faux incident civil.

Le faux donne lieu à deux procédures appelées : l'une, inscription en faux civil, qui a pour but de faire annuler l'acte; l'autre, inscription en faux criminel, dont l'objet est de faire punir le coupable.

L'inscription de faux s'applique à l'acte authentique et à l'acte sous seing privé reconnu et vérifié.

On peut poursuivre deux espèces de faux : le faux matériel, qui consiste dans une altération d'écriture ou une contrefaçon de signature; le faux intellectuel, qui existe lorsque, sans commettre de faux matériel, le rédacteur de l'acte en dénature la substance par l'insertion de clauses autres que celles que les parties avaient en vue.

L'inscription en faux incident civil peut être faite à toutes les périodes du procès et devant les juges d'appel, comme devant les juges des tribunaux inférieurs; elle ne suspend provisoirement l'exécution de l'acte, qu'autant que les tribunaux le trouvent convenable.

La procédure de l'inscription de faux comprend trois phases :

1° *Procédure à fin d'être admis à s'inscrire en faux.* — Sommation à la partie qui présente la pièce arguée de faux, d'avoir à déclarer dans la huitaine, si elle veut s'en servir ou non ; faute par elle de faire cette déclaration, ou si elle déclare qu'elle ne s'en servira pas, la pièce est rejetée. Si, au contraire, elle déclare qu'elle s'en servira, le demandeur s'inscrit au greffe et poursuit l'audience à l'effet de faire admettre l'inscription et d'obtenir la nomination d'un juge-commissaire.

2° *Procédure à fin d'être admis à la preuve des moyens de faux.* — Cette phase de la procédure ne s'applique qu'au faux matériel. La pièce arguée de faux est déposée au greffe, procès-verbal est dressé de son état en présence des intéressés et du juge-commissaire. Les moyens de faux sont signifiés par le demandeur à son adversaire. Enfin, le tribunal statue sur l'admission ou le rejet de ces moyens.

3° *Procédure tendant à la preuve du faux.* — Cette dernière phase de la procédure a trait à la vérification de la pièce arguée de faux, vérification qui s'opère, comme celle des écritures, par titres, par témoins et par experts. L'expertise n'a lieu que dans le cas de faux matériel ; elle se fait, ainsi que l'enquête, devant le juge-commissaire.

Si, par la procédure, on a découvert des indices de faux ou de falsification, dont les auteurs ou complices sont encore vivants, et dont la poursuite n'est pas éteinte par prescription, *le criminel tient le civil en état* ; il y aura lieu à suspension de la procédure civile, tant qu'il n'aura pas été prononcé définitivement sur l'action publique.

Si la pièce est reconnue fausse, le tribunal peut, suivant les cas, en ordonner la suppression, lacération ou radiation en tout ou en partie ; il peut aussi, pour rétablir la vérité, ordonner le rétablissement ou la réformation de l'acte.

La procédure prend fin ou par le jugement définitif, ou par une transaction homologuée par le tribunal, après communication au ministère public.

Le demandeur en faux qui succombe, qui se désiste ou est déclaré déchu pour inobservation des formalités légales, après le jugement d'admission à l'inscription de faux, encourt de droit une amende de 300 francs.

CODE D'INSTRUCTION CRIMINELLE.

(Art. 448-464.)

FAUX CRIMINEL.

La procédure du faux criminel diffère peu de celle du faux incident civil. La pièce produite doit être déposée au greffe, signée et paraphée par le greffier. Elle est signée par le prévenu au moment de sa comparution. Sur sommation faite par exploit, tandis que dans le faux incident civil, elle a lieu par acte d'avoué à avoué, le défendeur doit déclarer s'il veut s'en servir ou non. Toutefois, sa déclaration, quelle qu'elle soit, ne peut arrêter la poursuite criminelle. S'il persiste à en faire usage, l'instruction sur le faux sera suivie incidemment devant la cour ou le tribunal saisi de l'affaire principale.

QUESTIONS.

I. Quel est le sens de la maxime *onus probandi incumbit ei qui dicit, non ei qui negat ?* — Que celui qui soutient un fait nouveau doit le prouver.

II. L'acte authentique, nul pour incompétence ou défaut de formes, pour valoir comme.écriture sous seing privé, est-il assujetti aux formalités exigées par les art. 1325 et 1326? — Non.

III. La contre-lettre portant augmentation d'un prix de vente a-t-elle effet entre les parties? — Il faut distinguer.

IV. L'art. 1328 est-il limitatif? — Oui.

V. L'art. 1328 doit-il s'appliquer aux simples quittances? — Non.

VI. Les énonciations des livres des marchands relativement à des fournitures faites à des personnes non commerçantes, peuvent-elles servir de commencement de preuve par écrit? — Non.

VII. Le créancier a-t-il intérêt à intenter l'action en vérification d'écriture, même avant l'échéance de la créance? — Oui.

VIII. L'hypothèque judiciaire résultant de la reconnaissance et vérification d'écritures, est-elle bien conforme aux principes admis par le Code Napoléon? — Non.

IX. Le faux civil est-il toujours incident, ne peut-il pas être principal ? — Il peut être principal.

X. D'après l'art. 232 du Code de procédure, le tribunal doit-il ordonner simultanément les trois genres de preuve ? — Non.

XI. Les témoins instrumentaires et l'officier public peuvent-ils être reçus à déposer dans l'enquête sur le faux, contrairement à leurs précédentes déclarations authentiquement constatées ? — Oui.

Vu par le Président de la thèse,   Vu par le Doyen,
COLMET-DAAGE.   C.-A. PELLAT.

www.ingramcontent.com/pod-product-compliance
Lightning Source LLC
Chambersburg PA
CBHW070719210326
41520CB00016B/4401